Marmorwaffeln

Der altbekannte Marmorkuchen stand Pate für die zart duftende Kreation.

Gelingt leicht

Zutaten für etwa 8 Waffeln von 18 cm Ø:
100 g weiche Butter
75 g Zucker • 1 Päckchen Vanillezucker
2 Eier • 150 g Mehl
1/2 Teel. Backpulver • 300 ml Milch
50 g gemahlene Mandeln
2 gestrichene Eßl. Kakaopulver
30 g Schokoraspel
Für das Waffeleisen: Öl
Zum Bestäuben: Puderzucker

• Zubereitungszeit: etwa 1 1/4 Stunden
• Ruhezeit: etwa 15 Minuten

Pro Stück etwa: 1400 kJ/330 kcal

Dazu paßt eine Aprikosen-Vanillesauce: 100 g Dörraprikosen klein würfeln und mit heißem Wasser bedeckt etwa 2 Stunden einweichen. Aus einem Päckchen Vanille-Puddingpulver (für 1/2 l Milch) mit 400 ml Milch und 40 g Zucker nach Packungsangabe eine Vanillesauce kochen. Die Aprikosen samt Einweichwasser fein pürieren und unter die Vanillesauce rühren. Diese zugedeckt kaltstellen.

1

Die Butter mit dem Zucker und dem Vanillezucker schaumig schlagen (Seite 18).

2

Die Eier einzeln unterrühren (Seite 18).

3

Das Mehl mit dem Backpulver vermischen und abwechselnd mit der Milch mit den Quirlen des Handrührgerätes nach und nach unter die Buttermischung rühren. Alles zu einem glatten Teig verarbeiten. Den Teig etwa 15 Minuten quellen lassen (Seite 18).

4

Den Teig halbieren. Unter die eine Hälfte die Mandeln rühren, unter die andere Hälfte den Kakao und die Schokoraspel mischen.

5

Das Waffeleisen auf der mittleren Stufe vorheizen. Beide Backflächen mit Öl einstreichen. Je 2 Eßlöffel vom hellen und dunklen Teig auf der unteren Backplatte verteilen und rasch mit einem Löffel ineinanderziehen. Das Waffeleisen schließen. Die Waffeln in je 3–5 Minuten goldbraun backen (Seite 19). Mit Puderzucker bestäubt servieren.

Zitronenhörnchen

Das knusprige Gebäck können Sie gut in einer Blechdose aufbewahren.

Spezialität aus Friesland

Zutaten für etwa 45 Taler von 16 cm Ø
(aus dem Hörnchenautomaten):
Für den Teig:
2 unbehandelte Zitronen
150 g weiche Butter • 200 g Zucker
2 Eier • 250 g Mehl
1 gestrichener Teel. Backpulver
Für den Obstsalat:
500 g gemischtes Obst (zum Beispiel
Kiwi, Erdbeeren, Himbeeren, Brom-
beeren, Kap-Stachelbeeren, Orange
und blaue Weintrauben)
2 Eßl. Puderzucker • 2 Eßl. Zitronensaft
Für den Hörnchenautomaten: flüssiges
Butterschmalz oder Öl
Zum Garnieren: Zitronenmelisse

• Zubereitungszeit: etwa 2 1/4 Stunden
• Ruhezeit: etwa 30 Minuten

Pro Stück etwa: 240 kJ/57 kcal

Sie können den Teig auch in jedem anderen Waffeleisen backen, falls Sie keinen Hörnchenautomaten haben. Geben Sie dann entsprechend mehr Teig auf die Backfläche. Sie erhalten 10–12 Zitronenwaffeln.

1

Die Zitronen heiß waschen, abtrocknen und die Schale fein abreiben. Den Saft von 1 Zitrone auspressen.

2

Die Butter und den Zucker schaumig rühren. Die Eier und die abgeriebene Zitronenschale unterrühren (Seite 18).

3

Das Mehl und das Backpulver mischen. Mit dem Zitronensaft und 1/4 l lauwar-mem Wasser nach und nach unter die Eiermasse rühren. Den Teig zugedeckt 25–30 Minuten quellen lassen (Seite 18).

4

Die Früchte waschen und putzen oder schälen. Die Kiwi in Stücke schneiden, die Orange filetieren. Die Erdbeeren vierteln, die Trauben halbieren und ent-kernen. Die Kap-Stachelbeeren aus der Hülle lösen. Den Puderzucker und den Zitronensaft verrühren, über das Obst träufeln und gut durchziehen lassen.

5

Den Hörnchenautomaten erhitzen und mit einem Pinsel dünn einfetten. Etwa 1 Eßlöffel Teig auf den Hörnchenauto-maten geben und etwas verstreichen. Den Hörnchenautomaten schließen und in jeweils etwa 2 Minuten goldbraune Taler backen (Seite 19). Diese noch heiß mit einem Tuch vorsichtig zu Hörnchen aufrollen. Mit dem Obst und der Zitro-nenmelisse anrichten.

Espressowaffeln mit Amarettosahne

Ein aromatisches Dessert, das auch wunderbar zum Nachmittagskaffee paßt.

Für Gäste • Exklusiv

Zutaten für etwa 8 Waffeln von 18 cm Ø:
Für den Teig:
150 ml Milch
30 g Instant-Espressopulver
1 Päckchen Vanillezucker
100 g weiche Butter • 75 g Zucker
3 Eier • 150 g Mehl
1 Messerspitze Backpulver
Für die Amarettosahne:
250 g Sahne
1 Päckchen Vanillezucker
50 g Amaretti (italienische Mandelmakrönchen)
1 Eßl. Amaretto (Mandellikör)
Für das Waffeleisen: Öl
Zum Bestäuben: Puderzucker

• Zubereitungszeit: etwa 1 1/4 Stunden
• Ruhezeit: etwa 20 Minuten

Pro Stück etwa: 1600 kJ/380 kcal

1

Die Milch mit dem Espressopulver und dem Vanillezucker in einen Topf geben. Alles langsam aufkochen und bei schwacher Hitze 2–3 Minuten unter Rühren weiterköcheln lassen. Die Espressomilch vom Herd nehmen und abkühlen lassen.

2

Die Butter und den Zucker in eine Schüssel geben und mit den Quirlen des Handrührgerätes cremig rühren. Die Eier einzeln dazugeben und weiterschlagen, bis eine schaumige Masse entstanden ist (Seite 18).

3

Das Mehl mit dem Backpulver vermischen, zu dem Eierschaum geben und gut einarbeiten (Seite 18).

4

Zum Schluß die Espressomilch nach und nach dazugießen. Alles mit den Quirlen des Handrührgerätes zu einem glatten Teig verarbeiten. Den Teig zugedeckt etwa 20 Minuten quellen lassen (Seite 18).

5

Das Waffeleisen auf der mittleren Stufe vorheizen. Beide Backflächen dünn mit Öl einstreichen. 3–4 Eßlöffel Teig auf der unteren Backfläche verteilen und das Waffeleisen schließen. Die Waffeln in je 3–5 Minuten backen (Seite 19).

6

Die Sahne steif schlagen, dabei den Vanillezucker einrieseln lassen. Die Amaretti mit der Teigrolle grob zerbröseln und mit dem Likör vorsichtig unter die Sahne heben. Die Waffeln mit Puderzucker bestäuben, die Sahne dazu servieren.

Bananenwaffeln mit Schokosauce

Eine süße Verbindung, goldrichtig für Kinder.

Preiswert

Zutaten für etwa 10 Waffeln von 18 cm Ø:
50 g weiche Butter
70 g Zucker
1 Päckchen Vanillezucker
3 Eier
200 g Mehl
50 g gemahlene Mandeln
1/2 Teel. Backpulver
2 Eßl. Crème fraîche
50 ml kohlensäurehaltiges Mineralwasser
2 Bananen (etwa 300 g)
2 Eßl. Zitronensaft
100 g Zartbitterschokolade
200 g Sahne
Für das Waffeleisen: Öl
Zum Garnieren: einige geröstete Mandelblättchen und Bananenscheiben

• Zubereitungszeit: etwa 1 1/4 Stunden
• Ruhezeit: etwa 20 Minuten

Pro Stück etwa: 1500 kJ/360 kcal

1

Die Butter, den Zucker und den Vanillezucker in eine Schüssel geben, mit den Quirlen des Handrührgerätes zu einer schaumigen Masse rühren (Seite 18).

2

Die Eier nach und nach dazugeben und unterrühren (Seite 18).

3

Das Mehl, die Mandeln und das Backpulver mischen und mit der Crème fraîche und dem Mineralwasser unter die Masse rühren. Den Waffelteig etwa 20 Minuten quellen lassen (Seite 18).

4

Die Bananen schälen, grob zerteilen, mit dem Zitronensaft beträufeln und fein pürieren. Unter den Teig rühren.

5

Das Waffeleisen auf der mittleren Stufe vorheizen. Beide Backflächen dünn mit Öl einstreichen. 3–4 Eßlöffel Teig auf der unteren Backfläche verteilen. Das Waffeleisen schließen. Die Waffeln nacheinander in je 3–5 Minuten goldgelb backen (Seite 19).

6

Währenddessen die Schokolade in kleine Stücke brechen, mit der Sahne in einen kleinen Topf füllen und bei schwacher Hitze unter Rühren schmelzen lassen.

7

Die Waffeln mit der Sauce anrichten und mit Mandelblättchen und Bananenscheiben garnieren.

Waffel-Torte

Schicht für Schicht ein Gedicht, dabei problemlos und schnell zubereitet.

Für Gäste

Zutaten für 2 Torten mit je 4 Waffeln von 18 cm Ø:
Für den Teig:
130 g weiche Butter
100 g Zucker
4 Eier
230 g Mehl
40 g Speisestärke
2 1/2 unbehandelte Orangen
Für die Füllung:
150 g Heidelbeeren (frisch oder tiefge-kühlt)
75 g Zucker
375 g Quark (Magerstufe)
375 g Sahne
1 1/2 Päckchen Sahnesteif (etwa 15 g)
Für das Waffeleisen: Butterschmalz
Zum Bestäuben: Puderzucker

• Zubereitungszeit: etwa 1 1/2 Stunden
• Ruhezeit: etwa 1 Stunde

Bei 10 Tortenstücken pro Portion etwa: 2100 kJ/500 kcal

1

Die Butter und den Zucker schaumig schlagen. Die Eier dazugeben und unterrühren. Das Mehl mit der Stärke vermischen und einarbeiten (Seite 18).

2

1 Orange heiß abwaschen und trocken-reiben, die Schale fein abreiben. Alle Orangen auspressen. Den Saft und die Schale unter die Eiermasse rühren. Den Teig etwa 30 Minuten quellen lassen.

3

Das Waffeleisen auf der mittleren Stufe vorheizen. Beide Backflächen dünn mit flüssigem Butterschmalz einpinseln. Etwa 3 Eßlöffel Teig auf die untere Backfläche gießen, das Waffeleisen schließen. 8 Waffeln in je 3–5 Minuten backen (Seite 19).

4

Die Heidelbeeren verlesen, waschen und in einem Sieb abtropfen lassen. 2 Eßlöffel abnehmen, die übrigen Bee-ren mit dem Zucker bestreuen und etwa 30 Minuten ziehen lassen, dann fein pürieren und durch ein Sieb streichen.

5

Den Quark mit dem Beerenmus glatt-rühren. Die Sahne mit dem Sahnesteif steif schlagen und unterheben. Etwa ein Viertel davon beiseite stellen. Den Rest in einen Spritzbeutel mit Sterntülle füllen und 6 Waffeln damit gleichmäßig bespritzen. Je 3 Waffeln übereinander setzen und obenauf eine Waffel ohne Sahne legen, so daß 2 Torten entstehen. Nun die übrige Quarksahne in den Spritzbeutel füllen. Eine Rosette auf die jeweils oberste Waffel der beiden Tor-ten spritzen, mit den restlichen Beeren garnieren. Mit Puderzucker bestäuben.

Walnuß-Krokant-Waffeln

Feines Dessert oder süßes Vergnügen für die winterliche Kaffeetafel.

Raffiniert

Zutaten für etwa 10 Waffeln von 18 cm Ø:
100 g Walnüsse
100 g weiche Butter
100 g Zucker
1 Päckchen Vanillezucker
4 Eier
4 Eßl. brauner Rum (ersatzweise Apfelsaft)
abgeriebene Schale von 1/2 unbehandelten Orange
200 g Mehl
1 Messerspitze Backpulver
250 g Sahne
50 g Haselnußkrokant
1 Prise Salz
300 ml Mandarinen-Cremeeis (Fertigprodukt)
Für das Waffeleisen: Öl
Zum Bestreuen: Puderzucker und Haselnußkrokant

• Zubereitungszeit: etwa 1 1/2 Stunden
• Ruhezeit: etwa 20 Minuten

Pro Stück etwa: 2000 kJ/480 kcal

1

Die Walnüsse in einer Mandelmühle fein reiben, dann in einer Pfanne ohne Fett leicht anrösten. Vom Herd nehmen und abkühlen lassen.

2

Die Butter mit dem Zucker und dem Vanillezucker schaumig rühren. Die Eier trennen. Die Eigelbe zur schaumigen Masse geben. Den Rum und die Orangenschale untermischen.

3

Das Mehl mit dem Backpulver und den Nüssen vermengen, nach und nach mit der Sahne in den Teig einarbeiten. Den Krokant unterrühren. Den Teig etwa 20 Minuten quellen lassen.

4

Vor dem Backen die Eiweiße mit dem Salz zu steifem Schnee schlagen und vorsichtig unter den Teig heben, am besten mit einem Holzlöffel.

5

Das Waffeleisen auf der mittleren Stufe vorheizen. Beide Backflächen dünn mit Öl einpinseln. Etwa 3 Eßlöffel Teig auf die untere Backfläche gießen und das Waffeleisen schließen. Die Waffeln nacheinander in je 3–5 Minuten goldbraun backen (Seite 19).

6

Die heißen Waffeln mit je 1 Kugel Eis anrichten und mit Puderzucker bestäuben. Mit Krokant bestreut servieren.

Teig zubereiten

1 Die weiche Butter in kleine Stücke schneiden und mit dem Zucker in eine Schüssel geben. Mit den Quirlen des Handrührgerätes zu einer sehr schaumigen Masse rühren.

3 Das Mehl eventuell mit dem Backpulver oder der Speisestärke mischen. Abwechselnd mit Milch, Saft oder Wasser nach und nach in die Eiermasse rühren, bis diese glatt ist.

2 Kräftig weiterschlagen, dabei die Eier einzeln dazugeben. Jetzt Salz und Gewürze wie abgeriebene Zitronenschale, Zimt- oder Currypulver gründlich untermischen.

4 Den Teig zugedeckt bei Zimmertemperatur etwa 30 Minuten ruhen lassen, damit das Klebereiweiß im Mehl ausquellen kann und die Waffeln duftig gelingen.

Waffeln backen

1 Das Waffeleisen mit geschlosse-nem Deckel auf der mittleren Stufe etwa 10 Minuten vorheizen. Vor dem ersten Backen beide Backflächen mit einem Naturhaarpinsel dünn einfetten.

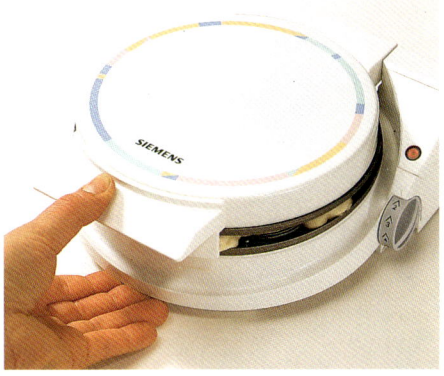

3 Die Deckelplatte rasch schließen und die Griffe zusammendrücken, damit sich der Teig gleichmäßig verteilt und bräunt. Die Waffeln nacheinander in je 3–5 Minuten goldbraun backen.

2 Pro Waffel 3–4 Eßlöffel Teig (bei größeren Waffeleisen 5–6 Eßlöffel Teig) auf die untere Backfläche geben und glattstreichen. Grobe Zutaten wie Rosi-nen bis an den Rand verteilen.

4 Sobald es mit Kontrollampe und Signalton angezeigt wird, Gerät öffnen. Waffel mit einem Pfannenwender am Rand anheben, herausnehmen und auf einem Kuchengitter abkühlen lassen.

Möhrenwaffeln mit Ingwerbirnen

Saftig, süß und leicht bekömmlich – deshalb auch als kleine Mahlzeit geeignet.

Ideal für Kinder

Zutaten für etwa 4 große Waffeln von
15 cm Größe:
1 Stück frische Ingwerwurzel, etwa 3 cm
(oder 1 Teel. Ingwerpulver)
4 Eßl. Zitronensaft
3 Eßl. Honig
500 g festfleischige Birnen
100 g weiche Butter
75 g brauner Zucker • 3 Eier
2 Prisen Nelkenpulver
100 g feine Haferflocken
50 g gemahlene Haselnüsse
50 g Mehl
1/8 l Möhrensaft
1 Möhre (etwa 150 g)
Für das Waffeleisen: Öl

• Zubereitungszeit: etwa 1 3/4 Stunden
• Ruhezeit: etwa 30 Minuten

Pro Stück etwa: 3000 kJ/720 kcal

Die großen Waffelplatten lassen sich
leicht teilen. Sie können die Möhren-
waffeln auch in einem Herzchenwaffel-
eisen backen. Dann erhalten Sie aus
der Teigmenge etwa 10 Waffeln von
18 cm Ø.

1

Den Ingwer schälen und fein reiben.
Mit dem Zitronensaft und dem Honig in
einen Topf füllen und unter Rühren
erhitzen.

2

Die Birnen waschen, vierteln, schälen,
entkernen und in schmale Spalten
schneiden. In dem Ingwersud etwa
3 Minuten bei mittlerer Hitze dünsten,
dann abkühlen lassen.

3

Die Butter mit dem Zucker schaumig
schlagen. Nach und nach die Eier und
das Nelkenpulver unterrühren. Die
Haferflocken mit den Nüssen und dem
Mehl mischen und abwechselnd mit
dem Möhrensaft unterziehen. Den Teig
etwa 30 Minuten quellen lassen
(Seite 18).

4

Die Möhre putzen, schälen, fein raspeln
und unter den fertigen Teig ziehen.

5

Das Waffeleisen auf der mittleren Stufe
vorheizen. Beide Backflächen mit Öl
einstreichen. Etwa 5 Eßlöffel Teig auf
die untere Backfläche gießen und das
Waffeleisen schließen. Nacheinander in
je 4–5 Minuten goldgelbe Waffeln bak-
ken (Seite 19). Mit den Birnen servieren.

Spinatwaffeln

Die würzigen Waffeln können Sie als Vorspeise oder Imbiß servieren.

Raffiniert • Braucht etwas Zeit

Zutaten für etwa 10 Waffeln von
18 cm Ø:
125 g weiche Butter
4 Eier
Salz
250 g Mehl
1/4 l Milch
300 g frischer Blattspinat (oder tiefge-
kühlter Spinat)
1 Eßl. Olivenöl
1 Knoblauchzehe
schwarzer Pfeffer, frisch gemahlen
Muskatnuß, frisch gerieben
Für das Waffeleisen: Öl

• Zubereitungszeit: etwa 1 1/2 Stunden
• Ruhezeit: etwa 30 Minuten

Pro Stück etwa: 1100 kJ/260 kcal

Dazu schmeckt eine Gorgonzolacreme: 150 g Gorgonzola mit 250 g Sahne in einem Topf unter Rühren köcheln las- sen, bis der Käse geschmolzen ist. Mit Salz, Pfeffer und Zitronensaft würzen. 1 Bund Petersilie waschen, trocken- schütteln, die Blätter fein hacken und unter die Sauce ziehen.

1

Die Butter mit den Quirlen des Hand- rührgerätes cremig rühren. Die Eier und 1/2 Teelöffel Salz darunterschlagen (Seite 18).

2

Das Mehl und die Milch abwechselnd untermischen und alle Zutaten zu einem glatten Teig verarbeiten. Zuge- deckt etwa 30 Minuten quellen lassen (Seite 18).

3

Den Spinat verlesen, grobe Stiele ent- fernen und die Blätter waschen. (Tief- gekühlten Spinat auftauen lassen.)

4

Das Olivenöl in einem Topf erhitzen, den Spinat darin unter Rühren 2–3 Mi- nuten dünsten. Die Knoblauchzehe schälen und durch die Presse dazu- drücken. Den Spinat mit Salz, Pfeffer und Muskat würzen. Vom Herd neh- men, grob pürieren und etwas ab- kühlen lassen, dann das Spinatpüree in einem Tuch portionsweise gut aus- drücken. Unter den Waffelteig mischen.

5

Das Waffeleisen auf der mittleren Stufe vorheizen. Beide Backflächen dünn mit Öl bestreichen. 3–4 Eßlöffel Teig auf die untere Backfläche gießen und das Waf- feleisen schließen. Die Waffeln nachein- ander jeweils in 3–5 Minuten backen (Seite 19).

Käse- und Speck-waffeln

Das herzhafte Knabbergebäck lädt bei Wein oder Aperitif zum Zugreifen ein.

Für Gäste · Preiswert

Zutaten für etwa 8 Waffeln von 18 cm Ø:
Für den Teig:
150 g weiche Butter
4 Eier • Salz
schwarzer Pfeffer, frisch gemahlen
250 g Mehl • 1/4 l Milch
Für die Käsewaffeln:
einige Spritzer Tabasco
je 50 g Appenzeller und Emmentaler
Für die Speckwaffeln:
1 Zwiebel • 1 Eßl. Öl
100 g durchwachsener geräucherter Bauchspeck
1/2 Bund Petersilie
Für das Waffeleisen: Speckschwarte
Zum Bestäuben: Paprikapulver edelsüß
Zum Servieren: 250 g Kräuterquark (Fertigprodukt)

• Zubereitungszeit: etwa 1 1/2 Stunden
• Ruhezeit: etwa 30 Minuten

Pro Käsewaffel etwa: 1700 kJ/400 kcal
Pro Speckwaffel etwa: 2300kJ/550 kcal

1

Die Butter cremig rühren. Die Eier, 1 Teelöffel Salz und Pfeffer hinzufügen. Das Mehl und die Milch abwechselnd unterrühren. Den Waffelteig etwa 30 Minuten quellen lassen (Seite 18).

2

Für die Käsewaffeln die Hälfte des Teigs mit Tabasco würzen. Den Käse entrinden, fein raspeln und untermengen.

3

Für die Speckwaffeln die Zwiebel schälen, klein würfeln und in dem Öl anbraten. Den Speck ohne Schwarte fein würfeln und hinzufügen. Mit der Zwiebel etwa 5 Minuten braten, abkühlen lassen.

4

Die Petersilie waschen, trockenschütteln, die Blätter fein hacken. Mit der Speckmischung unter den übrigen Waffelteig mischen, noch mal nachwürzen.

5

Das Waffeleisen auf der mittleren Stufe vorheizen. Beide Backflächen kräftig mit der Speckschwarte einreiben. Etwa 4 Eßlöffel Teig auf die untere Backfläche gießen und das Waffeleisen schließen. Nacheinander je 4 Käse- und Speckwaffeln in 4–6 Minuten goldgelb ausbacken (Seite 19).

6

Mit Paprikapulver bestäuben und mit dem Quark anrichten.

Linsenwaffeln

Mit Mango-Chutney ein raffinierter Snack für Freunde der indischen Küche.

Scharf · Vollwertig

Zutaten für etwa 6 Waffeln von 18 cm Ø:
100 g braune Linsen
100 g weiches Butterschmalz
2 Eier • Salz
2 gehäufte Teel. Kreuzkümmel, frisch gemahlen
Cayennepfeffer
100 g feines Weizen-Vollkornmehl
50 g Weizenmehl (Type 405)
1/2 Teel. Backpulver
150 g Vollmilch-Joghurt
1/8 l Milch
Für das Waffeleisen: Öl
Zum Anrichten: Mango-Chutney (Fertigprodukt)
Zum Garnieren: etwas frisches Koriandergrün (ersatzweise Petersilie)

• Zubereitungszeit: etwa 1 1/4 Stunden
• Ruhezeit: etwa 30 Minuten

Pro Stück etwa: 1500 kJ/360 kcal

Die pikanten Linsenwaffeln schmecken auch wunderbar als Beilage zu einem Fleisch- oder Gemüse-Curry.

1

Die Linsen waschen, mit 3/8 l Wasser zum Kochen bringen und bei mittlerer Hitze in etwa 30 Minuten bißfest garen.

2

Inzwischen das Schmalz mit den Quirlen des Handrührgerätes cremig rühren. Die Eier, 1 Teelöffel Salz, den Kreuzkümmel und 1 Prise Cayennepfeffer hinzufügen (Seite 18).

3

Beide Mehlsorten mit dem Backpulver vermischen und nach und nach einrühren. Den Joghurt und die Milch untermischen. Den Teig zugedeckt etwa 30 Minuten quellen lassen (Seite 18).

4

Die fertigen Linsen abgießen und in einem Sieb gut abtropfen lassen, dann unter den Waffelteig heben. Diesen noch einmal kräftig würzen.

5

Das Waffeleisen auf der mittleren Stufe vorheizen. Dann beide Backflächen dünn mit Öl einfetten. 3–4 Eßlöffel Teig auf die untere Backfläche geben und nacheinander in je 4–6 Minuten die Waffeln backen (Seite 19).

6

Die Waffeln mit Mango-Chutney servieren und mit Koriandergrün garnieren.

Pizzawaffeln

Mit pikanter Tomatensauce und grünem Salat ein komplettes Essen.

Ideal für Kinder

Zutaten für etwa 4 große Waffeln von
18 x 15 cm Größe:
125 g weiche Butter • 4 Eier • Salz
150 g feines Roggen-Vollkornmehl
50 g Weizenmehl (Type 405)
1/2 Teel. Backpulver • knapp 1/4 l Milch
1 kleine rote Paprikaschote
100 g gekochter Schinken in Scheiben
50 g Salami in Scheiben
50 g schwarze Oliven
50 g Parmesan, frisch gerieben
schwarzer Pfeffer, frisch gemahlen
2 Teel. getrockneter Oregano
Für das Waffeleisen: Öl
Zum Bestreuen: Parmesan, frisch
gerieben

• Zubereitungszeit: etwa 1 1/2 Stunden
• Ruhezeit: etwa 30 Minuten

Pro Stück etwa: 3200 kJ/770 kcal

Dazu paßt eine Tomatensauce: 1 gewür-
felte Zwiebel und 2 durchgepreßte Knob-
lauchzehen in Olivenöl glasig dünsten.
800 g Pizza-Tomaten aus der Dose dazugeben und sämig einkochen. Mit Salz,
Pfeffer und Tabasco kräftig würzen.

1

Die Butter mit den Quirlen des Handrührgerätes cremig rühren. Die Eier und
1 Prise Salz dazugeben. Beide Mehlsorten mit dem Backpulver mischen und
abwechselnd mit der Milch dazurühren.
Den Waffelteig zugedeckt etwa
30 Minuten ruhen lassen (Seite 18).

2

Die Paprikaschote halbieren, von den
Kernen und Trennwänden befreien und
waschen. Die Hälften in feine Streifen,
diese in sehr kleine Würfel schneiden.
Den Schinken und die Salami ebenfalls
klein würfeln. Die Oliven entsteinen
und fein hacken.

3

Die Paprikawürfel, den Schinken, die
Salami, die Oliven und den Parmesan
unter den Waffelteig mischen. Diesen
mit Salz, Pfeffer und Oregano kräftig
würzen.

4

Das Waffeleisen auf der mittleren Stufe
vorheizen. Beide Backflächen dünn mit
Öl einstreichen. 5–6 Eßlöffel Teig auf
die untere Backfläche geben, dabei die
Zutaten bis an den Rand verteilen. Das
Waffeleisen schließen. Die Waffeln
nacheinander in je 4–5 Minuten goldbraun backen (Seite 19). Mit Parmesan
bestreut servieren.

Kartoffelwaffeln mit Schmand

Imbiß oder kleines Abendessen: saftige Waffeln mit würzigem Dip.

Raffiniert • Preiswert

Zutaten für etwa 10 Waffeln von 18 cm Ø:
120 g Sesamsamen
2 große mehligkochende Kartoffeln (etwa 500 g)
Salz • 40 g Butter
70 g Mehl
30 g Semmelbrösel
2 Eßl. Crème fraîche
2 Eier
schwarzer Pfeffer, frisch gemahlen
2 Eßl. Currypulver
1/4 l kohlensäurehaltiges Mineralwasser
400 g Schmand
2 Eßl. Zitronensaft
4 Frühlingszwiebeln
Für das Waffeleisen: Öl

• Zubereitungszeit: etwa 1 3/4 Stunden
• Ruhezeit: etwa 30 Minuten

Pro Stück etwa: 1300 kJ/310 kcal

1

Den Sesam in einer Pfanne ohne Fett leicht anrösten. Vom Herd nehmen und abkühlen lassen.

2

Die Kartoffeln waschen, in einem Topf mit Salzwasser gar kochen. Abgießen, abdampfen lassen und pellen. Noch heiß durch die Kartoffelpresse drücken.

3

Sofort mit der Butter verrühren, bis sie geschmolzen ist, dann das Mehl, die Semmelbrösel, die Hälfte des Sesams, die Crème fraîche und die Eier unterarbeiten. Den Teig mit Salz, Pfeffer und Curry kräftig würzen. Das Mineralwasser unterrühren. Den Teig etwa 30 Minuten ruhen lassen.

4

Inzwischen den Schmand mit dem Zitronensaft gut verrühren, salzen und pfeffern. Die Frühlingszwiebeln putzen, waschen und in sehr feine Ringe schneiden, diese unter den Schmand rühren.

5

Das Waffeleisen auf mittlerer Stufe vorheizen, dann beide Backflächen dünn mit Öl einstreichen. Auf die untere Waffelplatte Sesam streuen, darauf etwa 3 Eßlöffel Teig geben. Den Teig noch einmal mit Sesam bestreuen und das Waffeleisen schließen. Nacheinander in je 4–6 Minuten goldbraune Waffeln backen (Seite 19).

6

Die Waffeln mit dem Frühlingszwiebelschmand anrichten.

Grünkernwaffeln

Lassen Sie sich dazu einen knackigen Salat schmecken.

Vollwertig

Zutaten für etwa 8 Waffeln von
18 cm Ø:
1 Zwiebel • 1 Knoblauchzehe
1 kleiner Zucchino (etwa 100 g)
2 Eßl. Olivenöl
150 g sehr fein gemahlener Grünkern
30 g feines Weizen-Vollkornmehl • Salz
schwarzer Pfeffer, frisch gemahlen
1 Teel. Paprikapulver, edelsüß
1 Teel. getrockneter Oregano
1/2 l Buttermilch • 2 Eier
50 g weiche Butter
50 g Semmelbrösel
Für das Waffeleisen: Olivenöl

• Zubereitungszeit: etwa 1 1/4 Stunden
• Ruhezeit: etwa 10 Minuten

Pro Stück etwa: 990 kJ/240 kcal

Dazu paßt eine Zitronen-Kapern-Sahne:
300 g Sahne bei mittlerer Hitze sämig
einkochen lassen. Mit der abgeriebenen
Schale von 1 unbehandelten Zitrone,
2 Teelöffeln Zitronensaft, Salz, Pfeffer
und 1 Eßlöffel Kapernsud würzen.
2 Eßlöffel Kapern untermischen.

1

Die Zwiebel und die Knoblauchzehe
schälen, fein würfeln. Den Zucchino
waschen, putzen und klein würfeln.

2

Das Olivenöl in einer Pfanne erhitzen,
die Zwiebel, die Knoblauchzehe und die
Zucchiniwürfel dazugeben und hell-
braune Farbe annehmen lassen. Beide
Mehlsorten hinzufügen, unter Rühren
etwa 3 Minuten mitdünsten. Kräftig mit
Salz, Pfeffer, Paprika und Oregano würzen. Die Buttermilch und 1/8 l Wasser
angießen. Die Grünkernmischung aufkochen, auf der abgeschalteten Herd-
platte zugedeckt etwa 10 Minuten
quellen lassen.

3

Die Eier trennen. Die Butter mit den
Quirlen des Handrührgerätes schaumig
rühren. Die Eigelbe zusammen mit den
Semmelbröseln untermischen. Die
Mischung unter den gequollenen Grünkern mischen, kräftig würzen. Die
Eiweiße zu steifem Schnee schlagen,
zum Schluß vorsichtig unterheben, am
besten mit einem Holzlöffel.

4

Das Waffeleisen auf der mittleren Stufe
vorheizen. Dann beide Backflächen mit
einem Pinsel dünn mit Öl einstreichen.
3–4 Eßlöffel Teig auf der unteren Backfläche verteilen. Das Waffeleisen
schließen. Die Waffeln nacheinander in
jeweils 4–6 Minuten goldbraun backen
(Seite 19).

So klappt's perfekt

Heiße Eisen für Genießer
Herzwaffelautomaten (rechts oben und unten) backen die klassischen Waffeln. Sie haben, je nach Größe der Backflächen, 18–20 cm Durchmesser. Rechteckige Waffeln liefern Brüsseler Waffeleisen (links oben). Im Hörnchenautomaten (links unten) gelingen hauchdünne knusprige Taler mit etwa 16 cm Durchmesser. Die meisten Geräte besitzen beschichtete Backflächen. So kann nichts kleben bleiben, und Sie ersparen sich ständiges Einfetten.

Kühle Tips
Legen Sie die Waffeln zum Abkühlen nebeneinander auf ein Kuchengitter. Niemals heiß stapeln, sonst werden sie feucht und weich anstatt knusprig. Das Waffeleisen erst öffnen, wenn kein Dampf mehr entweicht. Dann ist die Waffel durchgebacken und läßt sich leicht von der Backfläche lösen.

Die richtige Pflege
Nach jedem Gebrauch das Gerät sorgfältig reinigen. Backflächen und Haube wischen Sie am besten mit einem feuchten Tuch oder einer Bürste sauber. Niemals ins Wasser tauchen! Benutzen Sie keine spitzen Gegenstände zum Reinigen - das kann die Antihaftbeschichtung zerstören.

Kleine Mengenlehre
Für eine Herzchenwaffel mit 18 cm Durchmesser brauchen Sie etwa 3 Eßlöffel Teig, für eine Waffel mit größerem Durchmesser bis zu 6 Eßlöffel. Sie erhalten dann dementsprechend weniger Exemplare. Für eine rechteckige Waffel (Größe 18 x 15 cm) benötigen Sie 5–6 Eßlöffel. Bitte beachten Sie, daß die Backflächen der Waffeleisen auch unterschiedlich tief sein können. Manche »schlucken« mehr, andere weniger Teig.

Pannenhilfe
Falls der Teig zu fest ist, noch etwas Flüssigkeit wie Milch, Saft oder Wasser unterrühren.

Von Herzen gern ...

mögen große und kleine Genießer selbstge-
backene Waffeln. Die knusprigen Teilchen
lassen sich süß oder pikant zubereiten und
schmecken zu jeder Tageszeit – zum Früh-
stück, zum Kaffee oder Tee, als Dessert,
Beilage oder Imbiß zum Glas Wein.
Ob rund oder eckig, Herzchen oder
Clownsgesicht, die Rezepte gelingen mit
jedem Gerät. Bei Automaten mit größerem
Durchmesser füllen Sie einfach mehr Teig
ein. Hinweise zur Mengenberechnung fin-
den Sie am Ende des Buches.

Vanillewaffeln

Am besten schmecken sie warm, direkt aus dem Waffeleisen (auch Titelbild).

Gelingt leicht

Zutaten für etwa 10 Waffeln von
18 cm Ø:
150 g weiche Butter
60 g Zucker
2 Päckchen Bourbon-Vanillezucker
3 Eier
200 g Mehl
1/2 Teel. Backpulver
1/4 l Milch
Für das Waffeleisen: Öl
Zum Bestäuben: Puderzucker

• Zubereitungszeit: etwa 1 Stunde
• Ruhezeit: etwa 20 Minuten

Pro Stück etwa: 1200 kJ/290 kcal

1

Die Butter in Stücke schneiden und in eine Schüssel geben. Den Zucker und den Vanillezucker hinzufügen und alles mit den Quirlen des Handrührgerätes zu einer sehr schaumigen Masse schlagen (Seite 18).

2

Die Eier einzeln dazugeben und unterrühren (Seite 18).

3

Das Mehl mit dem Backpulver vermischen und abwechselnd mit der Milch einarbeiten. Den Waffelteig etwa 20 Minuten quellen lassen (Seite 18).

4

Das Waffeleisen auf der mittleren Stufe vorheizen. Beide Backflächen dünn mit Öl einstreichen. 3–4 Eßlöffel Teig auf die untere Backfläche geben und das Waffeleisen schließen. Die Waffeln nacheinander in je 3–5 Minuten goldbraun backen (Seite 19).

5

Mit Puderzucker bestäubt servieren.

Dazu schmecken ein Sauerkirschkompott und geschlagene Sahne, unter die man nach Belieben geriebene Mandeln heben kann.